원작 흔한남매
SBS 코미디 프로그램 '웃찾사'에서 만난 으뜸이와 다운이는 어떻게 하면 더 많은 사람들에게
웃음을 줄 수 있을까 고민하던 중 유튜브 코미디 콘텐츠를 만들게 되었어요.
그리고 어느덧 많은 사람들에게 사랑받는 인기 크리에이터가 되었지요.
흔한남매는 지금도 여러분에게 웃음을 주기 위해 계속 노력하고 있답니다.

 글 박시연
아이들이 재미있게 읽으며 꿈과 상상력을 키울 수 있는 이야기를 쓰고 있습니다.
취미는 여행이고, 특기는 엉뚱한 상상하기입니다. 여행 중에 상상해 낸 재미있는 이야기들을
만화와 동화로 엮어 어린이 독자들에게 전해 주는 데 큰 보람을 느끼고 있습니다.
쓴 책으로는 《그리스 로마 신화》, 《이시원의 영어 대모험》, 《카트라이더 세계 대모험》 들이 있습니다.

 그림 정주연
2010년부터 언제나 신나고 즐거운 그림을 그리고 있습니다. 그린 책으로는 《공포마술탈출》,
《존리의 금융 모험생 클럽》, 《설민석의 역사 고민 상담소》, 《흔한남매 이상한 나라의 고전 읽기》 들이 있으며,
종이 책과 웹툰, 웹소설 등 다양한 장르를 넘나들며 재기발랄한 삽화와 만화를 그렸습니다.

 감수 흔한컴퍼니
코미디 크리에이터 흔한남매가 이끄는 회사로, 하루에 한 번 행복한 웃음을 드리자는
목표를 가지고 온 가족이 함께 보며 편하게 웃을 수 있는 콘텐츠를 만들고 있습니다.
영상 제작, 출판, IP, 방영을 아우르는 메가 콘텐츠로 발돋움하고자 합니다.

별난 세계 여행 1

흔한남매 원작 | 박시연 글 | 정주연 그림

차례

| | 프롤로그 | 수상한 편지 · · · · · · · · · · · · · · · · 8 |

1화 　나폴레옹을 찾아라! · · · · · · · · · · 24
　　　다른 그림 찾기

2화 　나폴레옹의 계획 · · · · · · · · · · · · 58
　　　미술관 도난 사건

3화 　영웅으로 남는 길 · · · · · · · · · · · · 96
　　　물건으로 알아보는 심리 테스트

정답 · 130

캐릭터 소개

으뜸

나이: 중학교 3학년

별명: 초록 돼지

좋아하는 색: 초록

특기: 에이미에게 장난치기

에이미

나이: 초등학교 5학년

별명: 피라냐

좋아하는 색: 주황

특기: 아이돌 가수 따라 하기

별난 세계 여행을 위한 완벽 가이드!

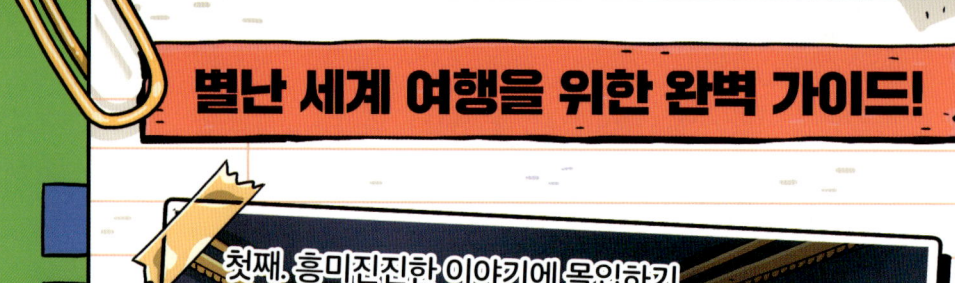

1 첫째. 흥미진진한 이야기에 몰입하기
흔한남매와 함께 다양한 나라에서 펼쳐지는
기상천외한 사건들 속으로 떠나 보세요!

2 둘째. 미션 스테이지 해결하기
난센스 퀴즈, 미로 찾기 등
다양한 미션을 해결하며
세계 여행을 200% 즐겨 보세요.

여기는 대한민국. 여름 방학을 맞이한 흔한남매 으뜸이와
에이미는 꿀처럼 달콤한 휴식 시간을 보내고 있었어요.

음냐, 내일은 내가 독서왕.

헤헤. 이 상을 팬클럽 냐하에게 바칩니다!

생활 계획표 독서 100권

생활 계획표 오디션 합격

하지만 이내 모든 일의 시작을 알리는 소리가
두 사람의 단잠을 깨우고 말았지요.

띵동

오빠. 좀 나가 봐.

싫어. 네가 더 현관이랑 가깝잖아.

그건 바로 프랑스 파리로 떠나는 비행기 티켓이었어요.

"우아, 삼촌이 놀러 오라고 보냈나 봐!"

"나도 좀 보자!"

"어허!"

"아까 나를 밀친 게 누구더라? 너 하는 거 봐서 데려가 줄게."

휙

그때부터였을까요? 에이미의 수난이 시작된 게…….

"내가 또 하늘색 옷이 잘 어울리지."

헥

"그만해라. 이민 가냐고요."

"과자 딱 하나만 더 살까?"

탁

슥

우당탕탕

"아직 출발도 안 했는데 벌써 피곤해!"

쭈글

"여행 준비 완료! 우주 최강 미남 나가신다!"

12시간이 넘는 긴긴 비행을 마친 으뜸이와 에이미는 드디어 프랑스 파리 샤를 드골 공항에 도착했어요.

캬! 여기가 바로 예술의 나라, 프랑스!

어디 한번 유럽 공기 좀 맡아 볼까?

오랜 비행으로 조금 피곤하긴 했지만, 남매는 설레는 마음으로 공항 여기저기를 돌아다니며 구경했어요.

엄청 넓어!

Bonjour.
(안녕하세요.)

이건 뭐지? 팸플릿?

보, 보, 보, 봉주……르.

봉주르, 프랑스!

낭만과 예술이 살아 있는 프랑스에 오신 걸 환영합니다. 프랑스는 다채로운 역사와 문화, 예술로 유명해요. 클로드 모네, 빈센트 반 고흐와 같은 세계적으로 유명한 인상주의 작가들이 활동한 곳이며, 첫 노벨 문학상 수상자인 '쉴리프뤼돔'을 시작으로 지금까지 세계에서 가장 많은 노벨 문학상 수상자를 배출한 나라이기도 하지요. 아울러 맛있고 풍부한 먹거리를 자랑해 '맛의 나라'로 불리기도 합니다. 몽마르트르에서 멋쟁이 화가들의 작품을 구경하고, 에펠 탑에 올라가 아름다운 파리 시내를 둘러보세요! 금세 프랑스의 매력에 빠질 거예요.

그래서 프랑스를 예술의 나라라고 하는구나!

에이미는 관광 안내소에 놓인 팸플릿을 하나둘 읽어 내렸어요. 그중에 웬 아름다운 여신이 그려진 팸플릿이 에이미의 눈길을 사로잡았지요.

어머나!

이렇게 아름다운 조각상은 처음이야!

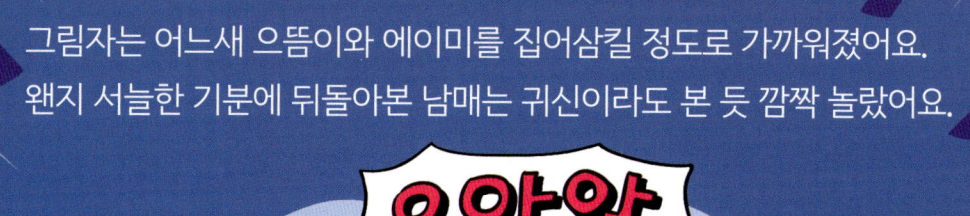

오랜만에 본 삼촌의 모습은 걸어 다니는 좀비가 따로 없었어요.
으뜸이와 에이미가 도대체 무슨 일이 있었냐며 묻자,
삼촌은 우울한 표정으로 이야기를 시작했어요.

그게 말이야, 내가 루브르에서 야간 경비를 서고 있는데…….

~루브르 박물관에서 생긴 일~

나, 나폴레옹이 사라졌다!?

당신이 그림을 위작으로 바꿔 놨지?

나폴레옹이 스스로 사라진 거예요!

아니에요.

말이 돼? 당장 그림 찾아내!

나폴레옹~

믿기지 않겠지만 그림 속 나폴레옹이 자기 발로 사라져 버렸어. 나를 도와줄 수 있는 건 이제 너희뿐이야.

삼촌은 한숨을 쉬며 남매에게 도움을 요청했지요.

삼촌의 이야기를 가만히 듣고 있던 으뜸이와 에이미는 별안간 박장대소를 터뜨렸어요.

처음 보는 삼촌의 진지한 얼굴에 남매는 속으로 조금 놀랐어요. 그래서 삼촌의 말이 믿기지는 않지만, 속아 넘어가 주기로 했지요.

삼촌은 나폴레옹이 사라진 증거를 보여 주겠다며 남매를 데리고 루브르 박물관으로 향했어요. 으뜸이와 에이미는 차창 밖으로 펼쳐지는 파리의 시내 풍경에 입이 쩍 벌어졌어요. 프랑스에 온 것이 실감 나는 순간이었지요.

에투알 개선문
나폴레옹의 명령으로 드골 광장에 세워진 승전 기념물. 프랑스의 대표적인 랜드 마크 중 하나로, 전망대에서 바라보는 풍경이 무척 아름답다.

에펠 탑
빛의 도시 프랑스 파리를 상징하는 가장 유명한 조형물. 프랑스 혁명 100주년을 기념해 개최된 '세계 박람회'를 위해 세워졌다.

오페라 가르니에

프랑스에서 가장 아름다운 극장으로 꼽히는 국립 아카데미 오페라 극장. 유명 뮤지컬 「오페라의 유령」이 탄생한 곳이며, 건축가 샤를 가르니에가 설계하고, 마르크스 샤갈이 천장 그림을 그린 곳으로 건축, 미술, 음악 등 종합 예술의 집합체로 불린다.

루브르 박물관

프랑스 최고의 국립 박물관이자 미술관. 세계 3대 박물관 중 하나다. 원래 왕궁이었던 건물을 나폴레옹이 박물관으로 개장했다. 역대 프랑스 국왕들이 수집한 미술품과 그리스, 이집트, 유럽 등 여러 나라의 각종 예술품을 40만 점 이상 전시하고 있다.

오르세 미술관

프랑스의 3대 미술관 중 하나. 원래는 기차역과 호텔이었던 건물에 미술품이 하나둘 옮겨지면서 세계적으로 손꼽히는 미술관이 되었다. 유명 화가 빈센트 반 고흐와 클로드 모네의 작품을 많이 볼 수 있다.

노트르담 대성당

센강의 시테섬에 있는 대성당. 나폴레옹의 대관식 등 여러 역사적 사건의 무대로, 1991년 유네스코 세계 문화유산으로 지정되었다.

해가 저문 늦은 밤,
흔한남매와 삼촌은
루브르 박물관 앞에 도착했어요.

"얘들아, 누가 쫓아오지 않는지 잘 봐."

"누가 온다 그래요!"

저럴 게까지?

두리번

샤샤샥

하지만 시작부터 쉽지 않았어요. 사람들 몰래 박물관으로 들어가려던 삼촌의 계획에 문제가 생긴 거예요. 아침까지 잘 열리던 문이 도통 열리지 않았거든요.

"이러다 사람들 눈에 더 띌 것 같은데요."

"그, 그럴 리가! 갑자기 웬 문제 같은 게 나와서 그래."

"설마 그새 비밀번호를 까먹은 거예요?"

후비적

삐빅 삐빅 삐빅

우연히 정답을 알아낸 으뜸이 덕분에 세 사람은 무사히 안으로 들어왔어요. 캄캄한 어둠 속이라 잘 보이지는 않았지만 은은하게 비추는 달빛 때문인지 박물관 안에는 장엄한 분위기가 감돌았어요.

여기가 말로만 듣던 그 루브르 박물관?!

생각보다 더 멋져! 삼촌, 나도 여기서 일할래요!

하하. 그러려면 프랑스어부터 공부해야겠지?

조금 더 구경하고 싶었지만, 삼촌은 남매를 재촉하며 뛰기 시작했어요.

"삼촌, 어디 가요?"

"지금 이러고 있을 때가 아니야. 우린 드농관으로 가야 해!"

"나는 저쪽으로 가고 싶은데!"

곧이어 세 사람은 드농관 입구에 다다랐어요.

드농 / 쉴리 / 리슐리외

"드농관은 루브르 박물관의 초대 관장 이름에서 따온 전시관이야. 나머지 두 개의 관도 모두 박물관에 크게 기여한 사람들의 이름에서 따왔지. 자, 거의 다 왔어."

두리번

"진짜 특이한 이름이네요!"

오?

으악

보통은 그림만 확대해서 보여 주니까 더 커 보이지. 실제 크기는 A4 용지 6장을 합쳐 놓은 정도야. 저렇게 작아도 미술적 가치는 엄청나게 높아.
아참! 모나리자가 눈썹이 없는 건 다 알지? 정확하진 않지만 두 가지 설이 있어.

주인공이 없는 그림이라니? 남매는 바로 추리에 들어갔어요.

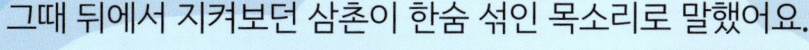

그때 뒤에서 지켜보던 삼촌이 한숨 섞인 목소리로 말했어요.

하지만 나폴레옹의 공격에 호락호락하게 당할 으뜸이와 에이미가 아니었죠. 남매는 체육 시간에 쌓은 피구 실력을 마음껏 뽐냈어요.

날아올라, 공중 부양!

훙 훙 후―웅

허잇! 관절아, 고맙다!

뭐야? 왜 저렇게 잘 피해?

때가 되기 전에 잠깐 놀아 줄까 했는데 안 되겠군.

그래 봤자, 너희는 날 못 막아. 난 여기로 떠난다!

휙

당황한 나폴레옹은 도망치기로 했어요.

거기 서요!

에이미, 나폴레옹 잡아!

잡기만 해 봐!

안 돼! 못 가요!

하지만 결국 나폴레옹을 놓치고 말았죠.

지익

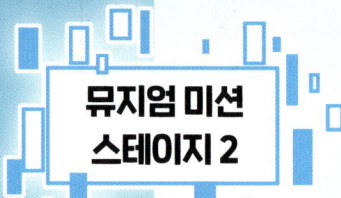

종이 속 인물을 맞혀라!

찢어진 종이를 맞춰 그림을 완성하고
나폴레옹이 도망친 곳을 알아맞혀 보세요.

※ 보기에서 정답을 고르시오.

"아래에 글씨가 적혀 있어."

○○○○년 △△월 □□일
개기 월식에 맞춰
포털 앞으로.

"포털……?"

보기

① 제우스　② 아테나　③ 아르테미스　④ 아폴론

으뜸이와 에이미는 바닥에 흩어진 종이를 끼워 맞추며 나폴레옹이 간 곳을 궁리했어요.

저기 봐. 적힌 날짜가 오늘이야!

그럼 나폴레옹이 포털로 갔다는 말인가?

종이 속 인물의 모습이 서서히 완성되어 가던 그때!

○○○○년 △△월 □□일 개기 월식에 맞춰 포털 앞으로.

흠. 머리 모양이 옛날 여자 머리 같기도······.

오빠! 얜 사슴처럼 보여. 뿔 좀 봐!

등에 메고 있는 건 화살통인가?

여긴 옷 주름이 똑같네!

번쩍

잠깐! 나 알 것 같아!

머릿속에서 무언가 번쩍하고 떠올린 에이미가 가방에서 서둘러 팸플릿 하나를 꺼냈어요. 바로 공항에서 가져온 그 팸플릿이었지요.

으뜸이와 에이미는 나폴레옹이 아르테미스 조각상이 있는 곳으로 도망쳤을 거라고 확신했어요.

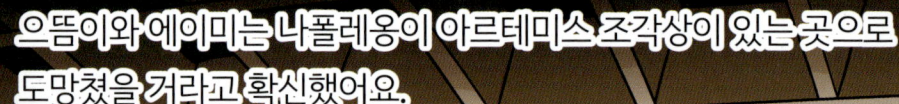

바로 이 몸의 세계 정복이 다시 시작된다는 말이다!

나폴레옹이 포효하는 사이 캄캄한 건물 안을 비추던 달빛이 서서히 사라졌어요.

오빠!

저기 봐. 달이 사라지고 있어!

그리고 달이 완전히 모습을 감추자, 나폴레옹은 잽싸게 아르테미스 석상으로 손을 뻗었어요.

꾹

타 탓

개기 월식, 즉 하늘에서 달이 사라지면 포털이 열린다!

포털의 문이 닫히자 전시관은 언제 그랬냐는 듯이 고요해졌어요.

얘네가 도대체 어디를 간 거야? 나폴레옹 찾으랬더니······.

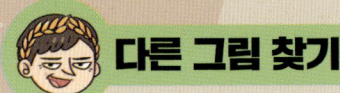 **다른 그림 찾기**

루브르 박물관에서 가장 유명한 그림 〈모나리자〉,
두 모나리자 그림에서 서로 다른 네 군데를 찾아보세요.

똑같은 초상화 같은데 어디가 다르다는 거야?

쿵 하는 엄청난 소리와 함께 으뜸이와 에이미는 바닥으로 떨어졌어요. 그런데…… 여기 어디죠?

여긴 또 어디야? 루브르 박물관은 아닌 것 같은데.

The British Museum

Br…it…ish……? 영어라 읽어도 뜻을 모르겠네.

생각 없이 로봇의 말을 듣고 있던 으뜸이와 에이미는 순간 정신이 번쩍 들었어요. 그제야 나폴레옹의 말이 진짜였다는 걸 깨달았죠.

그때 어디선가 익숙한 웃음소리가 들려왔어요.

푸하하하

이제야 내 말을 믿는구나! 이 어리석은 꼬맹이들 같으니라고.

나폴레옹?!

뒤돌아보니 나폴레옹이 한껏 멋들어진 자세로 서 있었어요.
남매는 허겁지겁 달려가 나폴레옹에게 매달렸어요.

하느님, 부처님, 나폴레옹 님! 우리 돌려보내 주세요!

제발요! 나 여기 있기 싫어요! 프랑스로 갈래요!

꾸욱

윽

휘청

쾅

얘네가 왜 이래? 저리 좀 가!

"에, 에이미. 이, 일단 움직이지 말고 생각을 좀 해 보자."

"이러다 그대로 밟히는 거 아니야?"

"후훗. 겁을 잔뜩 먹었구나!"

나폴레옹은 역시 모아이를 제일 먼저 부하로 삼길 잘했다며 뿌듯해했어요. 나폴레옹이 큰 소리로 마법의 주문을 외우자, 모아이는 눈을 번쩍 빛내더니 말을 하기 시작했어요.

"모아이야. 네 소원을 들어주마. 내 부하가 되거라! 마법의 주문, 얍!"

"모아이, 모아이……! 나를 고향 이스터섬*으로 돌려보내 줘!"

*이스터섬: 남태평양 폴리네시아 동쪽 끝에 있는 화산섬.

단번에 뭔가 떠올린 에이미가 소리 높여 외쳤어요!

정답! 돼지 하면 뭐니 뭐니 해도 초록 돼지지!

땡! 초록색도 아닐뿐더러 말 그림 설명이 없다!

그럼 초록 돼지와 말? 아니면 초록 돼지와 남색 말?

초록 돼…….

그만, 그만해!

네 글자라고…….

자꾸 엉뚱한 답만 외치는 에이미 때문에 답답해진 모아이는 결정적인 힌트 하나를 주기로 했어요.

참고로 저 글자는 자기도 같은 잘못이 있으면서 제 잘못은 제쳐 놓고 남의 잘못만 나무란다는 말을 가리켜.

허업! 더 모르겠는데요?

아! 그거구나!

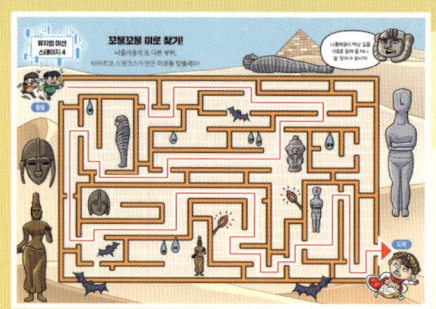 

으뜸이와 에이미는 겨우 미로를 통과해 빠져나왔어요.

그리고 안내 데스크에서 작은 오디오 가이드를 발견했어요.

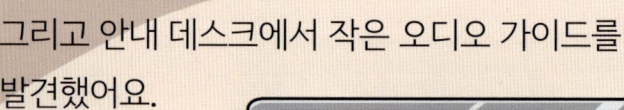

그리웠던 한국말이 헤드폰에서 흘러나오자, 남매는 왠지 긴장이 조금 풀리는 듯했어요.

감동에 젖은 것도 잠시, 으뜸이와 에이미는 나폴레옹을 찾기 위해 다시 걸음을 옮겼어요.

여기는 꼭 그리스 신전 같다.

파르테논 신전에 있던 거래.

와아— 오~

나폴레옹의 말대로 영국 박물관은 다양한 고대 문명의 역사가 담긴 유물로 가득했어요. 대부분 영국이 전쟁에서 승리한 뒤 빼앗은 전리품들이었지요.

파르테논 마블스
아테네 파르테논 신전에 붙어 있던 벽면 조각. 원래 그리스에 있던 것을 영국 외교관 엘긴 경이 영국으로 옮겨 오면서 '엘긴 마블스'라고도 불린다. 그리스 정부는 계속 작품을 반환하라고 주장하지만 현재까지 영국 박물관에 전시되고 있다.

와아

천국으로 갈 수 있는 마법 주문?!

사자의 서
고대 이집트의 장례용 경전. 죽은 사람이 지하 세계를 건너 사후 세계의 천국에 안전하게 도착할 수 있도록 마법 주문과 대처 방법이 기록되어 있다.

네바문 무덤 벽화

이집트의 귀족 네바문의 무덤 벽화. 네바문은 비옥한 경지에서 밀을 세던 회계원이자 서기로, 당시 상당히 높은 지위와 부를 자랑했다. 늪지대에서 사냥하는 모습만으로도 이집트 상류층의 호화로운 생활을 추측할 수 있다.

머리가 두 개 달린 뱀

두 마리의 뱀이 하나의 몸으로 연결된 조각상. 급격한 곡선과 모자이크 모양을 이루는 푸른 터키석 조각이 화려함을 자랑한다. 주로 종교 의식에서 왕이나 제사장이 가슴에 달던 장신구로 사용되었다.

우아~. 진짜 뱀처럼 생겼네!

우르의 깃발

옛 고대 도시, 우르의 왕실 묘지에서 발견된 나무 상자. 상자의 한쪽 판은 '전쟁의 판'으로 불리며 전쟁을 이끄는 왕과 병사들의 모습이 있고, 반대편은 '평화의 판'으로 전쟁에서 승리한 후 축하하는 잔치 모습이 담겨 있다.

나폴레옹은 으뜸이와 에이미의 등장에 놀라기는커녕 오히려 반가워했어요. 그러더니 이집트관에 온 기념으로 재미난 이야기를 해 주겠다며 자신의 영웅담을 펼치기 시작했죠.

다른 나라의 문화재를 약탈하면서 훼손까지 하다니!
너무나도 뻔뻔스러운 나폴레옹의 태도에 에이미는
화가 났어요.

"에이미. 진정해."

"워~, 워~."

"크흠. 그런가."

"영광의 상처라뇨! 다른 나라 유물을 함부로 망가뜨리면 안 되죠!"

구박을 받은 나폴레옹은
살짝 의기소침해졌어요.
그래서 서둘러 다른
유물을 소개했어요.

"짜잔! 이건 고대 이집트 왕인 '아메노피스 3세의 거대한 두상'이야! 두상 높이만 3m에 달하지. 정말 멋지지 않니?"

"몸통까지 있었으면 트럭 길이 정도 됐으려나?"

"흥. 크긴 엄청 크네!"

고대 상형 문자를 계산하라!

다음은 고대 이집트 숫자를 나타내는 상형 문자들이야.
우리 프랑스 학자들이 풀이한 뜻을 참고하여 다음 문제를 풀어 봐.

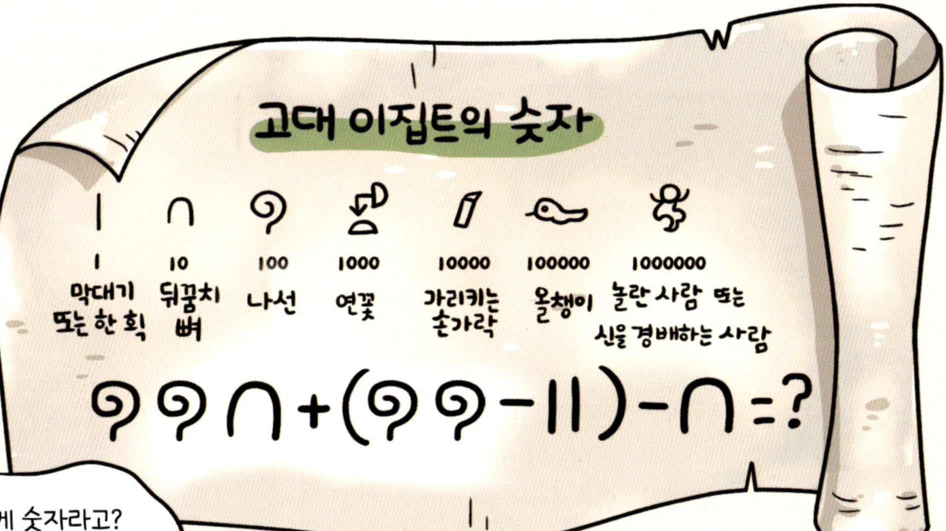

근데 그래서 정답이……?

캬, 역시 난 천재야!

정답은 398이에요!

장하다, 내 동생!

착

그 순간, 나폴레옹의 몸이 갑자기 공중으로 붕 떠올랐어요.

하하하하

이 순진한 녀석들! 너희가 푼 문제가 뭔지 아느냐?

바로, 영국 박물관의 포털을 열 수 있는 암호다!

암……호?

내, 내가 그걸 푼 거야?

동공지진

 미술관 도난 사건

어느 날, 런던 미술관에서 도난 사고가 벌어진다.
으뜸이와 에이미는 도난당한 작품을 찾기 위해 비밀 수사에 돌입하던 중, 도둑이 훔친 작품의 개수와 화가들의 이름 사이에서 규칙적인 패턴을 발견하게 되는데…….

> 패턴에 따르면 다빈치는 7개의 작품을 도단당했어.

그렇다면 미켈란젤로(MICHELANGELO)의 그림은 몇 개나 없어졌을까?

다빈치(DAVINCI) - 작품 7개
렘브란트(REMBRANDT) - 작품 9개
카라바조(CARAVAGGIO) - 작품 10개
고흐(GOGH) - 작품 4개
페르메이르(VERMEER) - 작품 7개
미켈란젤로(MICHELANGELO) - 작품 ??개

이름을 한 글자씩 꼼꼼히 봐야 해!

결과는 130쪽에

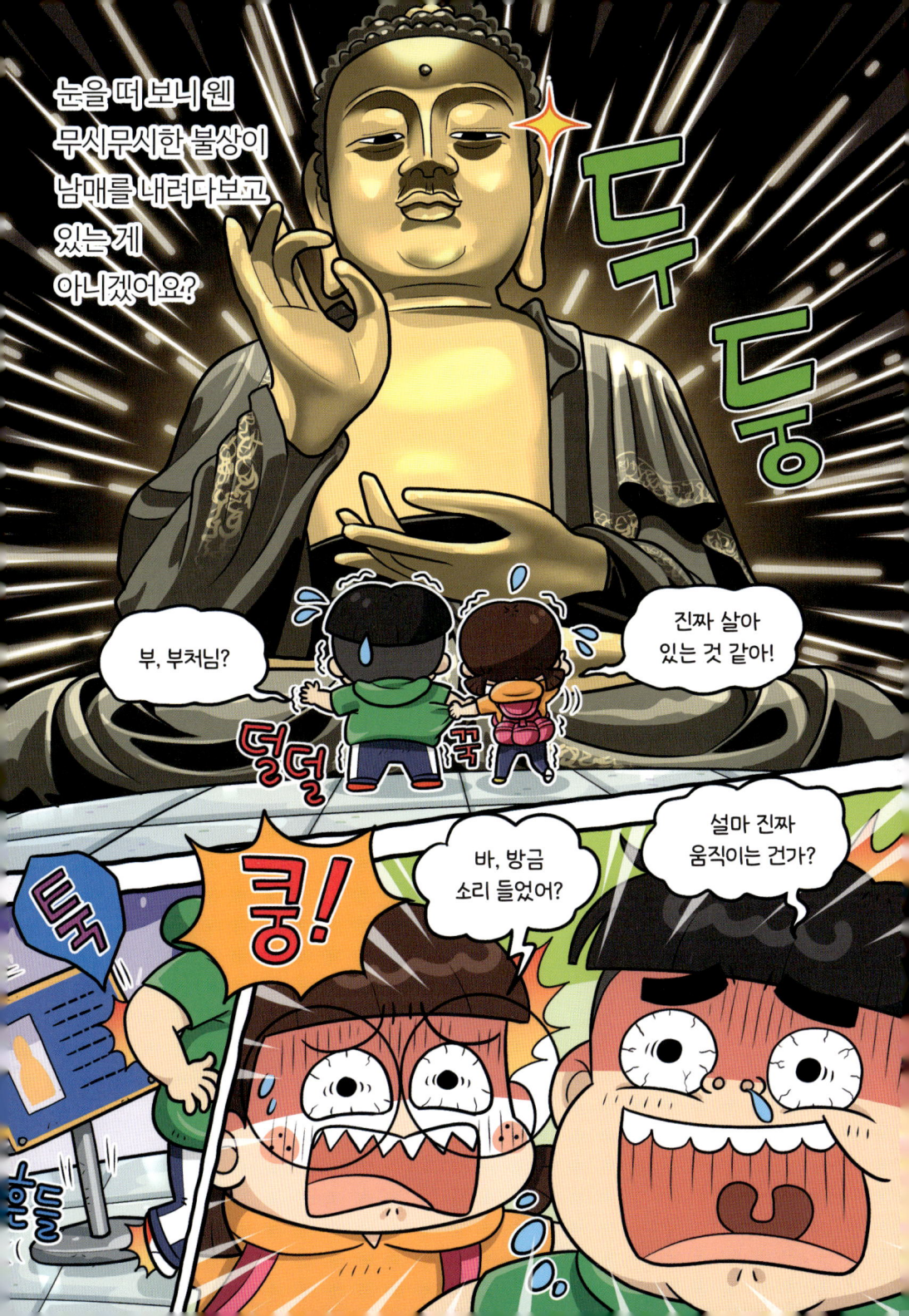

그리고 차근차근 글을 읽기 시작했죠.

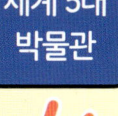
세계 5대 박물관

루브르 박물관

영국 박물관

예르미타시 박물관

메트로폴리탄 박물관

대만 고궁 박물관

큼큼!

"이곳은 대만 타이베이에 있는 국립 고궁 박물관입니다. 세계 5대 박물관으로"

"손꼽히는 만큼 역사적 가치가 매우 높은 문화재를 소장하고 있습니다."

궁악도

하늘색 여의* 모양 베개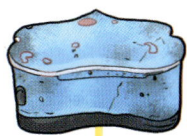

육형석

| 당나라 | 송나라 | 원나라 | 명나라 | 청나라 |

여요연화식온완

매화와 산새

"대체로 중국에서 넘어온 문물이 많아, 당나라부터 청나라까지 5대에 걸친 서화, 도자기, 조각 등 70만여 점에 이르는 다양한 문화재를 만나 볼 수 있답니다."

*여의: 장식물의 일종으로, 중국에서 길함을 상징한다.

"에이, 설마 진짜로 그렇게 많은 유물이 있다고?"

"자, 잠깐! 여기가 대만이라고?"

영국 → 대만

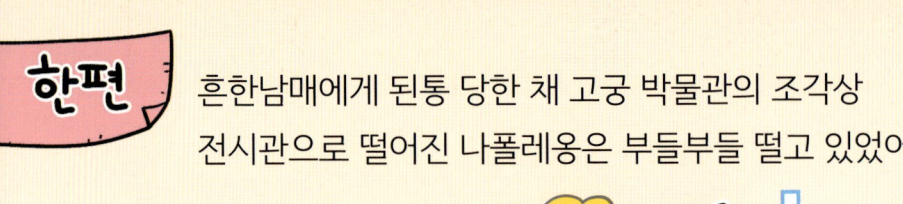

흔한남매에게 된통 당한 채 고궁 박물관의 조각상 전시관으로 떨어진 나폴레옹은 부들부들 떨고 있었어요.

"이 꼬맹이들, 감히 이 몸의 계획을 망치다니!"

당장이라도 으뜸이와 에이미를 찾아 혼쭐을 내 주고 싶었지만, 그보다 더 중요한 일 때문에 지체할 시간이 없었지요.

"지금은 포털부터 찾아야 해. 그래야 미국 자연사 박물관에 있는 공룡 화석을 내 부하로 만들지!"

말에 올라탄 나폴레옹은 의기양양한 모습으로 포털을 찾아서 박물관을 돌아다니기 시작했어요. 그러면서 부하로 삼을 만한 유물이 없나 살피는 것도 잊지 않았지요.

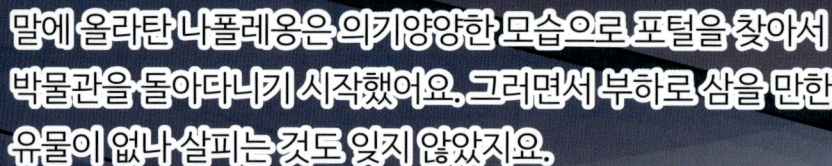

오호, 여긴 작고 소박한 유물이 많구나.

흠, 저건 어디에 쓰는 물건인고?

여요연화식온완
북송 때 만들어진 꽃무늬 도자기. 뜨거운 물을 이곳에 넣고 그 안에 술병을 넣어 데우는 용도로 사용되었다.

상아투화운룡문투구
코끼리 이빨 하나로 만들어진 공. 청나라 시대 한 장인 가문이 3대에 걸쳐 100년 동안 만들었다. 17개의 공이 여러 층으로 쌓여 있으며, 그 위에 놀랍도록 정교한 용무늬가 조각되어 있다.

하지만 나폴레옹이 떠올린 기억만으로는 포털이 있을 법한 유물을 찾기 어려웠어요. 믿을 건 대만에 대한 정보가 적힌 팸플릿뿐이었죠.

니하오, 대만!

대만은 동아시아의 작은 섬나라입니다. 일 년 내내 따뜻하고, 울창한 숲과 비옥한 평원 그리고 경치 좋은 해안과 산악 지대가 섞여 있어 편히 쉴 수 있는 여행지로 유명하지요. 더불어 대만은 재료 본연의 맛을 살린 온갖 맛있는 음식이 모여 있는 곳으로, 다양한 음식을 맛볼 수 있습니다. 언제나 관광객들로 북적거리는 대만의 야시장에서 식도락 여행을 즐겨 보세요.

샤오롱바오　　우육면　　　펑리수　　　　망고빙수

안타깝게도 팸플릿의 정보는 단서가 되지 못했어요.

으아아! 안 그래도 배고픈데 먹는 이야기만 잔뜩이네!

여기에도 알 수 있는 게 하나도 없어.

절레 절레

이 아름다운 도자기는 어떻게 만들었을까?

심각한 남매와 달리 나폴레옹은 도자기 구경에 빠진 모습이었어요.

잠시만요! 저건 순도 높은 백자에 청색의 코발트 물감으로 무늬를 새기고, 광택이 나도록 유약을 입힌 거라는데요?

오. 꽤나 정교한 과정을 거치는구나.

오는 무슨 오예요! 포털부터 찾아야죠!

"진짜 배추처럼 생긴 옥이 있거든!"

"그런 게 어디 있단 거야!"

"저기!"

두둥

으뜸이가 가리킨 곳에는 정말로 옥으로 깎아 만든 배추 모양의 **조각**이 고고한 자태를 뽐내고 있었어요.

"진짜 있었네! 근데 배추 위에 저 벌레는 무엇이냐?"

"그러게요. 벌레라니! 윽, 징그러."

"이건 청나라 유물 취옥백채래. 여치와 메뚜기가 숨어 있는 배추를 옥으로 조각했대."

"배추의 흰색은 순결, 청록색은 청렴, 여치와 메뚜기는 다산을 상징한다고 적혀 있어."

으뜸이와 에이미만큼 지쳐 있던 나폴레옹도 당황스러운 건 마찬가지였어요.

시간이 얼마나 흘렀을까요? 눈을 스르르 뜨자 삼촌이 보였어요.

삼촌은 사실 화장실을 다녀왔을 뿐인데 나폴레옹이 돌아와 있었다며 멋쩍게 웃었어요. 으뜸이와 에이미가 자리를 비운 사실을 전혀 눈치채지 못한 것 같았죠.

그렇게 한여름 밤의 꿈 같던 나폴레옹 찾기 대소동은 흔한남매와 나폴레옹만의 소중한 추억으로 남은 채 끝이 났어요.

한국으로 돌아가는 비행기 안, 어느새 프랑스의 매력에 푹 빠진 으뜸이와 에이미는 아쉬운 마음에 자꾸만 아래를 내려다보았어요.

하지만 집에 도착하면 또 언제 그랬냐는 듯이 엄마의 품으로 달려가는 남매였죠.

 ## 물건으로 알아보는 심리 테스트

어느덧, 프랑스에서 보내는 마지막 날! 아쉬워하는 으뜸이와 에이미를 위해 삼촌은 이국적인 소품이 가득한 어느 골동품 가게에서 선물을 사 주기로 했어요.

아참, 너희가 고른 물건으로 각자의 여행 유형도 알 수 있으니 잘 고르도록!

① 보물 찾기 지도

② 커다란 여행 가방

③ 다이어리와 깃펜

④ 편지지가 담긴 유리병

결과는 131쪽에

정답

56~57쪽 다른 그림 찾기

94~95쪽 미술관 도난 사건

도둑맞은 미술 작품의 수는 미술가 이름의 알파벳 개수와 같다.
따라서 미켈란젤로는 'MICHELANGELO'의 알파벳 개수대로 작품 12개를 도둑맞았다.

128~129쪽 물건으로 알아보는 심리 테스트 결과

① 보물 찾기 지도

모험하는 여행가형

보물 찾기 지도를 고른 당신은 언제 어디로 튈지 모르는 자유로운 영혼의 소유자입니다. 장엄한 자연 속에서 짜릿한 모험을 즐길 것 같네요.

② 커다란 여행 가방

현실적인 여행가형

커다란 여행 가방을 골랐다면 당신은 몸도 마음도 편안한 여행을 좋아할 거예요. 자연보다는 편리한 대중교통이 있고, 맛집이 많은 도시 여행을 즐기죠.

③ 다이어리와 깃펜

탐구하는 여행가형

다이어리와 깃펜을 고른 당신은 끊임없는 호기심으로 여행도 탐구하듯 즐깁니다. 여행하기 전 철저한 사전 조사는 당신에게 필수!

④ 편지지가 담긴 유리병

휴식을 즐기는 여행가형

유리병을 고른 당신, 여행을 곧 휴가라고 생각하지 않나요? 편히 쉴 수만 있다면 그곳이 어디든 당신에게는 멋진 여행지가 될 거예요.

원작 흔한남매 | **글** 박시연 | **그림** 정주연
펴낸날 2023년 5월 25일 초판 1쇄, 2025년 5월 30일 초판 5쇄
펴낸이 신광수 | **출판사업본부장** 강윤구 | **출판개발실장** 위귀영
아동IP파트 박재영, 박인의, 김규리 | **출판디자인팀** 최진아, 김현중 | **출판기획팀** 정승재, 김마이, 이아람, 전지현
출판사업팀 이용복, 민현기, 우광일, 김선영, 이강원, 신지애, 허성배, 정유, 정슬기, 정재욱, 박세화, 김종민, 정영묵
출판지원파트 이형배, 이주연, 이우성, 전효정, 장현우
펴낸곳 (주)미래엔 | **등록** 1950년 11월 1일 제16-67호 | **주소** 서울특별시 서초구 신반포로 321
전화 미래엔 고객센터 1800-8890 팩스 541-8249 | **홈페이지** www.mirae-n.com

ⓒ 흔한컴퍼니 2023
이 책은 무단으로 전재하거나 복제할 수 없습니다.

ISBN 979-11-6841-535-5 74810
ISBN 979-11-6841-534-8 (세트)

책값은 뒤표지에 있습니다.
파본은 구입처에서 교환해 드리며, 관련 법령에 따라 환불해 드립니다. 다만, 제품 훼손 시 환불이 불가능합니다.

KC 마크는 이 제품이 공통안전기준에 적합하였음을 의미합니다.
사용 연령: 8세 이상